hand made

Anne Kalicky

SQUARES ET FUDGES

Photographies : Guillaume Czerw
Stylisme : Sophie Dupuis-Gaulier

hachette
CUISINE

SOMMAIRE

INTRODUCTION

Ces petits carrés ou cubes fondants sont aussi riches et sucrés que délicieux !

D'origine anglaise, les **fudges** sont généralement réalisés à base de lait concentré sucré et parfumés au chocolat noir ou blanc, à la vanille ou au caramel. Leur texture onctueuse s'obtient en hachant le chocolat grossièrement et en le faisant fondre avec le lait concentré sucré. Puis, lorsque le chocolat est fondu, en faisant chauffer le mélange pendant 5 min sans jamais cesser de remuer à l'aide d'une spatule en silicone. Ces bonbons, cousins des caramels, se réalisent très facilement. Par ailleurs, ils ne nécessitent le plus souvent pas de cuisson mais un temps de réfrigération pour les faire durcir. Plus longtemps ils resteront au réfrigérateur, meilleure sera leur tenue.

Les **squares** sont quant à eux des gâteaux constitués d'une base biscuitée surmontée de plusieurs couches, cuits ou également durcis au réfrigérateur et découpés en carrés.

L'avantage gourmand des squares et fudges est qu'ils se déclinent à l'infini ! Partez d'une base simple, puis variez les plaisirs : noix, noix de pécan, noisettes, amandes effilées, pignons de pin, biscuits émiettés, fruits secs, bonbons, pépites... Ça colle aux doigts et aux dents mais une fois que l'on y a goûté, on ne peut plus s'en passer !

Les ustensiles indispensables :

- Moule, moule à charnière, cadre carré de 15 x 15 cm ou 20 x 20 cm ou plaque recouverte de papier cuisson
- Papier cuisson
- Maryse pour lisser le fudge
- Couteau bien aiguisé pour découper les carrés

Quelques conseils préalables pour bien réussir vos squares et fudges :

- Avant de verser la préparation dans un moule, beurrez le moule ou tapissez-le de papier cuisson. Pour un moule à charnière, découpez des bandes de papier cuisson et collez-les au beurre. Pour un cadre, posez-le sur une plaque allant au four tapissée de papier cuisson. Pour les fudges, vous pouvez aussi étaler la pâte épaisse et lisse sur une plaque recouverte de papier cuisson, sur une épaisseur de 2 cm environ.
- Pour une bonne tenue des fudges surtout, prévoyez de réfrigérer la veille pour démouler et couper en carrés ou en cubes le lendemain.
- Pour obtenir une découpe nette des squares ou des fudges, passez la lame du couteau sous l'eau bouillante et essuyez-la entre chaque découpe.
- Conservez vos squares et fudges 2 à 3 jours au réfrigérateur.
- Sortez-les 2 h avant leur dégustation pour une consistance fondante.
- Pour une jolie présentation, collectionnez les bocaux, les coupelles transparentes, les présentoirs à étages...

MILLIONAIRE SHORTBREAD

Préparation : 30 min • Cuisson : 50 min

Les Ingrédients

Pour le shortbread

Sucre en poudre .... 50 g
Sel .... 1 pincée
Beurre .... 125 g
Farine .... 150 g

Pour la confiture de lait

Voir recette p. 70

Pour le glaçage

Chocolat au lait .... 200 g

La Recette

1. Préchauffez le four à 180 °C (th. 6). Mélangez le sucre, le sel et le beurre, puis ajoutez la farine et pétrissez jusqu'à obtenir une pâte homogène.

2. Répartissez cette pâte sur 1 cm d'épaisseur dans le fond d'un moule carré tapissé de papier cuisson et tassez bien avec le dos d'une cuillère. Enfournez pour 25 min.

3. Étalez la confiture de lait sur le biscuit.

4. Faites fondre le chocolat au lait dans une casserole à fond épais. Répartissez-le sur la couche de caramel. Lissez à l'aide d'une maryse et laissez refroidir. Découpez en carrés selon les conseils de la p. 9.

PAVÉS AUX NOIX
ET FUDGE AU CHOCOLAT

Préparation : 25 min • Cuisson : 30 min • Réfrigération : 12 h

La Recette

1. Préchauffez le four à 160 °C (th. 5-6). Séparez les blancs des jaunes d'œufs. Mélangez les jaunes avec 150 g de sucre et l'eau jusqu'à l'obtention d'une consistance mousseuse.

2. Battez les blancs en neige ferme. Incorporez-les délicatement au mélange. Ajoutez 50 g de poudre de noix, la farine et la levure chimique. Versez dans un moule carré beurré ou tapissé de papier cuisson et enfournez pour 30 min de cuisson. Laissez refroidir complètement.

3. Dans une casserole, délayez la Maïzena® dans la crème liquide et faites cuire à feu doux jusqu'à ce que le mélange épaississe. Laissez refroidir.

4. Mélangez le beurre avec le reste de sucre, ajoutez le reste de noix en poudre et la préparation crème liquide-Maïzena®, puis remuez jusqu'à l'obtention d'un mélange homogène. Étalez cette garniture aux noix sur le biscuit et lissez à l'aide d'une maryse.

5. Dans une casserole à fond épais, faites fondre le chocolat haché grossièrement à feu doux avec le lait concentré sucré. Faites chauffer sans cesser de remuer à l'aide d'une spatule en silicone.

Les Ingrédients

Œufs 2
Sucre en poudre .... 280 g
Eau .... 2 cuil. à soupe
Noix en poudre .... 100 g
Farine .... 100 g
Levure chimique .... ½ sachet
Maïzena® .... 20 g
Crème liquide .... 30 cl
Beurre + un peu pour le moule .... 130 g
Chocolat noir pâtissier .... 100 g
Lait concentré sucré .... 200 g

6. Lorsque le chocolat est fondu, laissez cuire pendant 5 min tout en continuant de remuer vivement.

7. Étalez le glaçage au fudge chocolaté sur la garniture aux noix et lissez à l'aide d'une maryse. Laissez refroidir, puis placez au réfrigérateur pendant toute une nuit.

8. Démoulez et découpez en carrés selon les conseils de la p. 9.

SQUARES
AUX SPÉCULOOS, CHOCOLAT ET DAIM®

Préparation : 35 min • Cuisson : 10 min • Réfrigération : 6 h

Les Ingrédients

Pour la base biscuitée

Spéculoos .... 160 g
Beurre demi-sel .... 80 g

Pour la deuxième couche

Bonbons Daim® .... 80 g
Chocolat au lait pâtissier .... 400 g
Crème liquide .... 20 cl

Pour la dernière couche

Fromage frais type Saint-Morêt®
ou Philadelphia® .... 300 g
Lait concentré sucré .... 3 cuil. à soupe
Bonbons Daim® .... 60 g

La Recette

1. Préchauffez le four à 180 °C (th. 6). Réduisez les spéculoos en poudre à l'aide d'un pilon. Faites fondre le beurre demi-sel et mélangez-le à la poudre de spéculoos à l'aide d'une spatule.

2. Répartissez le mélange dans un moule carré tapissé de papier cuisson et tassez bien avec le dos d'une cuillère. Enfournez pour 10 min de cuisson, puis laissez refroidir complètement.

3. Mixez les bonbons Daim® pour les réduire en grains. Cassez le chocolat en morceaux dans un récipient. Faites chauffer la crème, puis versez-la sur le chocolat et mélangez bien jusqu'à ce qu'il soit fondu. Ajoutez les bonbons Daim® hachés et mélangez, puis versez la préparation chocolatée sur la pâte aux spéculoos. Placez au réfrigérateur pendant 3 h, jusqu'à ce que la ganache se fige.

4. Pour la dernière couche, fouettez le fromage frais avec le lait concentré sucré. Ajoutez 45 g de bonbons Daim® hachés et mélangez doucement. Étalez cette préparation sur la couche au chocolat, puis remettez au réfrigérateur pendant 3 h.

5. Parsemez le reste de bonbons Daim® hachés. Découpez en carrés selon les conseils de la p. 9.

SQUARES
CITRON-NUTELLA®

Préparation : 30 min • Cuisson : 1 h 05

Les Ingrédients

Pour la base biscuitée

Beurre ramolli .... 120 g
Farine .... 180 g
Sucre .... 60 g

Pour la deuxième couche

Nutella® .... 200 g

Pour la dernière couche

Œufs 5
Sucre .... 250 g
Farine .... 5 cuil. à soupe
Les jus et les zestes de 3 citrons

La Recette

1. Préchauffez le four à 150 °C (th. 5). Tapissez un moule carré de papier cuisson.

2. Dans un saladier, battez le beurre ramolli à l'aide d'une fourchette. Ajoutez la farine et le sucre. Mélangez jusqu'à obtenir une pâte homogène.

3. Répartissez le mélange dans le fond du moule et tassez bien avec le dos d'une cuillère. Enfournez pour 25 min de cuisson.

4. Pendant ce temps, cassez les œufs dans un saladier et battez-les avec le sucre. Ajoutez la farine. Incorporez les jus et les zestes des citrons, puis mélangez.

5. Étalez le Nutella® sur la base biscuitée encore tiède, lissez à l'aide d'une maryse, puis versez la préparation au citron. Enfournez pour 40 min de cuisson.

6. Laissez refroidir complètement. Découpez en carrés selon les conseils de la p. 9.

BANOFFEE SQUARES

Préparation : 30 min • Cuisson : 10 min • Réfrigération : 12 h

Les Ingrédients

Pour la base biscuitée

Petits-beurre .... 150 g
Spéculoos .... 150 g
Beurre .... 100 g

Pour la deuxième couche

Crème liquide .... 25 cl
Sucre .... 200 g
Beurre salé .... 50 g
Bananes 3

Pour la dernière couche

Mascarpone .... 250 g
Sucre .... 50 g
Cacao en poudre

La Recette

1. Préchauffez le four à 180 °C (th. 6). Mixez les petits-beurre et les spéculoos jusqu'à obtenir une poudre. Faites fondre le beurre au micro-ondes et ajoutez-le à la base biscuitée. Mélangez bien. Répartissez la préparation dans le fond d'un moule à charnière carré et enfournez pour 10 min de cuisson.

2. Préparez la deuxième couche en portant la crème liquide à ébullition. Faites cuire le sucre à sec dans une poêle sans cesser de remuer avec une spatule en bois. Lorsque le caramel est formé, retirez du feu et versez la crème. Portez de nouveau à ébullition. Ajoutez le beurre et mélangez encore. Retirez du feu et laissez refroidir.

3. Découpez les bananes en rondelles et disposez-les sur la base biscuitée. Versez le caramel.

4. Pour la dernière couche, mélangez le mascarpone avec le sucre et recouvrez-en la couche de bananes au caramel. Lissez à l'aide d'une maryse, puis saupoudrez de cacao en poudre.

5. Placez au réfrigérateur pendant toute une nuit. Démoulez et découpez en carrés selon les conseils de la p. 9.

LEMON'S SQUARE

Préparation : 20 min • Cuisson : 20 min • Réfrigération : 3 h

Les Ingrédients

Pour la pâte

Farine .... 225 g
Sucre de canne blond .... 60 g
Beurre demi-sel .... 150 g

Pour la crème au citron

Citrons 4
Œufs 4
Sucre en poudre .... 200 g
Gélatine .... 1 feuille
Beurre doux .... 50 g

Pour la dernière couche

Sucre glace

La Recette

1. Préchauffez votre four à 170 °C (th. 5-6). Dans un saladier, mélangez la farine et le sucre. Ajoutez le beurre coupé en morceaux et travaillez la pâte du bout des doigts jusqu'à obtenir une consistance sableuse.

2. Répartissez la pâte dans un cadre métallique de 20 x 20 cm, posé sur une plaque tapissée de papier cuisson. Tassez bien avec le dos d'une cuillère. Enfournez pour 15 min de cuisson.

3. Mettez la feuille de gélatine à tremper dans de l'eau froide. Zestez 1 citron puis pressez les 4 citrons.

4. Dans une casserole, battez les œufs avec le sucre, puis ajoutez les zestes et le jus. Faites chauffer à feu doux sans cesser de mélanger pour que la crème épaississe. Dès les premières ébullitions, retirez du feu.

5. Ajoutez la gélatine et fouettez la préparation. Laissez tiédir quelques minutes et ajoutez le beurre coupé en dés. Fouettez de nouveau pour obtenir une crème bien lisse.

6. Étalez la crème sur la base biscuitée et placez au réfrigérateur pendant au moins 3 h. Lorsque la crème est prise, saupoudrez de sucre glace et découpez en carrés selon les conseils de la p. 9.

SQUARES À LA CAROTTE
ET AUX PETITS-SUISSES

Préparation : 30 min • Cuisson : 30 min • Réfrigération : 12 h

Les Ingrédients

Vergeoise brune	60 g
Œuf	1
Huile	6 cl
Farine	100 g
Levure chimique	½ cuil. à café
Cannelle	2 cuil. à café
Carottes râpées	100 g
Zestes râpés	½ orange
Noix hachées	80 g
Petits-suisses	6
Mascarpone	200 g
Sucre roux	2 cuil. à soupe

La Recette

1. Préchauffez le four à 175 °C (th. 5-6). Fouettez la vergeoise brune et l'œuf jusqu'à l'obtention d'un mélange blanc et mousseux. Ajoutez l'huile et fouettez de nouveau.

2. Tamisez la farine, la levure chimique et 1 cuil. à café de cannelle, puis incorporez-les à la préparation précédente. Ajoutez les carottes râpées, le zeste d'orange et les noix hachées.

3. Découpez des bandes de papier cuisson et garnissez-en les bords intérieurs d'un moule à charnière carré, en les collant avec du beurre. Versez-y la préparation, tassez bien avec le dos d'une cuillère et enfournez pour 30 min de cuisson.

4. Dans un saladier, fouettez ensemble les petits-suisses, le mascarpone, le sucre roux et le reste de cannelle.

5. Sortez le biscuit à la carotte du four et laissez refroidir. Garnissez-le de crème, lissez à l'aide d'une maryse et placez au réfrigérateur pendant toute une nuit.

6. Démoulez et découpez en carrés selon les conseils de la p. 9.

CARRÉS AU CITRON
À MA FAÇON

Préparation : 20 min • Cuisson : 50 min

Les Ingrédients

Pour la pâte

Farine .... 195 g
Sucre en poudre .... 95 g
Sel .... ½ pincée
Beurre ramolli .... 150 g
Extrait de vanille .... ½ cuil. à café

Pour la crème au citron

Œufs 3
Sucre en poudre .... 125 g
Jus de citrons 2
Zestes de citrons 2
Farine .... 35 g
Levure chimique .... 1 cuil. à café

Astuce

Si la base biscuitée vous paraît trop beurrée à la sortie du four, épongez la surface avec du papier absorbant après la première cuisson.

La Recette

1. Préchauffez le four à 175 °C (th. 5-6). Dans un saladier, mélangez la farine, le sucre en poudre et la pincée de sel. Ajoutez le beurre ramolli et l'extrait de vanille et mélangez de nouveau jusqu'à l'obtention d'une pâte épaisse et homogène.

2. Répartissez la pâte dans un moule carré de 15 x 15 cm ou de 20 x 20 cm, beurré ou tapissé de papier cuisson. Tassez bien avec le dos d'une cuillère. Enfournez pour 15 min de cuisson.

3. Pendant ce temps, préparez la crème au citron. Mélangez les œufs avec le sucre. Ajoutez les jus et les zestes de citron et mélangez de nouveau jusqu'à ce que le sucre soit dissous. Ajoutez la farine et la levure chimique et mélangez.

4. Versez sur le biscuit chaud et enfournez de nouveau pour 35 min. Vérifiez la cuisson en piquant la pointe d'un couteau. Elle doit ressortir sèche.

5. Laissez refroidir complètement, démoulez et découpez en carrés.

Carrés Nanaimo

Préparation : 30 min • Réfrigération : 2 h

Les Ingrédients

Pour la base biscuitée

Beurre	120 g
Sucre	50 g
Cacao en poudre	30 g
Œuf battu	1
Petits-beurre émiettés	350 g
Noix de coco râpée	90 g

Pour la deuxième couche

Œuf entier	1
Jaunes d'œufs	3
Extrait de vanille	1 cuil. à café
Farine tamisée	60 g
Lait	50 cl

Pour la dernière couche

Chocolat noir	180 g
Beurre	20 g

La Recette

1. Faites fondre le beurre, le sucre et le cacao au bain-marie. Ajoutez l'œuf battu et fouettez jusqu'à ce que la préparation épaississe. Retirez immédiatement du feu.

2. Ajoutez la poudre de petits-beurre et la noix de coco et mélangez bien. Répartissez le mélange dans le fond d'un moule carré tapissé de papier cuisson et tassez bien avec le dos d'une cuillère.

3. Dans un saladier, mélangez les œufs, l'extrait de vanille et le sucre, puis ajoutez la farine. Versez dans une casserole et faites chauffer. Ajoutez peu à peu le lait froid en fouettant. Portez à ébullition et faites épaissir. Laissez refroidir avant d'étaler la crème sur la pâte biscuitée.

4. Faites fondre le chocolat dans une casserole à fond épais. Incorporez le beurre, puis versez dans le moule, sur la crème vanillée.

5. Placez au réfrigérateur pendant 2 h. Découpez en carrés selon les conseils de la p. 9.

CARRÉS CHOCO
ET CHEESE

Préparation : 30 min • Cuisson : 55 min • Réfrigération : 12 h

Les Ingrédients

Biscuits sablés.. 125 g
Poudre d'amandes....................... 2 cuil. à soupe
Beurre fondu.. 25 g

Pour la crème au chocolat

Chocolat noir pâtissier................................ 50 g
Mascarpone... 125 g
Fromage blanc.. 100 g
Sucre .... 30 g
Œuf.. 1
Pistaches torréfiées.................................... 50 g
Copeaux de chocolat.................................. 50 g

La Recette

1. Préchauffez le four à 180 °C (th. 6). Tapissez un moule carré de papier cuisson.

2. Écrasez les biscuits à l'aide d'un pilon jusqu'à l'obtention d'une poudre, ajoutez la poudre d'amandes et le beurre fondu, puis mélangez de façon homogène. Répartissez le mélange dans le fond du moule et tassez bien avec le dos d'une cuillère. Enfournez pour 10 min de cuisson.

3. Sortez le biscuit et baissez la température du four à 150 °C (th. 4).

4. Hachez le chocolat noir pâtissier et faites-le fondre au bain-marie. Dans un saladier ou dans le bol d'un robot, fouettez le mascarpone et le fromage blanc. Ajoutez le sucre, puis l'œuf et fouettez à nouveau énergiquement. Ajoutez le chocolat fondu et mélangez.

5. Mettez les pistaches torréfiées sur le fond biscuité et versez la crème au chocolat. Enfournez pour 45 min de cuisson.

6. Laissez refroidir et placez au réfrigérateur pendant toute une nuit. Saupoudrez de copeaux de chocolat, démoulez et découpez en carrés selon les conseils de la p. 9.

CARRÉS BROWNIE,
FUDGE ET AMANDES EFFILÉES

Préparation : 25 min • Cuisson : 25 min • Réfrigération : 4 h

Les Ingrédients

Pour la base brownie

Chocolat noir pâtissier................................200 g
Beurre salé tempéré découpé
en petits dés + un peu pour le moule ....120 g
Sucre en poudre ....160 g
Œufs..3
Farine + un peu pour le moule.....................70 g

Pour la deuxième couche

Chocolat noir pâtissier................................200 g
Lait concentré sucré ....400 g

Pour la dernière couche

D'amandes effilées torréfiées ....60 g

La Recette

1. Préchauffez le four à 150 °C (th. 5). Beurrez et farinez un moule carré ou rectangulaire.

2. Brisez le chocolat en morceaux et faites-le fondre au micro-ondes avec le beurre.

3. Dans un bol, mélangez le sucre et les œufs, puis versez la farine en pluie tout en continuant de remuer.

4. Versez le chocolat fondu sans cesser de mélanger. Répartissez cette pâte chocolatée dans le moule et enfournez pour 25 min de cuisson. Laissez refroidir.

5. Pour la deuxième couche, dans une casserole à fond épais, faites fondre le chocolat haché grossièrement à feu doux. Faites chauffer sans cesser de remuer à l'aide d'une spatule en silicone.

6. Lorsque le chocolat est fondu, laissez cuire pendant 5 min tout en continuant de remuer vivement. Versez la préparation sur la base brownie et lissez à l'aide d'une maryse.

7. Parsemez les amandes effilées torréfiées sur le fudge encore tiède.

8. Placez au réfrigérateur pendant 4 h. Démoulez et découpez en carrés selon les conseils de la p. 9.

BARRES BISCUITÉES
AU CHOCOLAT

Préparation : 15 min • Cuisson : 15 min • Réfrigération : 6 h

Les Ingrédients

Petits-beurre ou galettes bretonnes .... 320 g
Lait concentré sucré .... 1 boîte de 400 g
Chocolat noir pâtissier .... 200 g
Pépites caramélisées .... 75 g
Beurre pour le moule

La Recette

1. Préchauffez le four à 180 °C (th. 6). Garnissez le fond d'un moule à charnière carré de papier cuisson en le collant au beurre. Beurrez également les bords du moule.

2. Écrasez les biscuits à l'aide d'un pilon jusqu'à l'obtention d'une poudre. Ajoutez le lait concentré sucré et mélangez jusqu'à ce que la préparation soit homogène.

3. Répartissez le mélange dans le fond du moule et tassez bien avec le dos d'une cuillère. Enfournez pour 15 min de cuisson. Laissez refroidir.

4. Faites fondre le chocolat au micro-onde ou au bain-marie. Versez-le sur le biscuit et lissez à l'aide d'une maryse. Laissez refroidir, parsemez de pépites caramélisées, puis placez au réfrigérateur pendant 6 h.

5. Démoulez et découpez en barres selon les conseils de la p. 9.

CARRÉS CHOCO
ET BEURRE DE CACAHUÈTES

Préparation : 30 min • Réfrigération : 3 h 30

Les Ingrédients

Pour la base biscuitée

Petits-beurre .... 125 g
Bretzels apéritifs .... 200 g
Cassonade .... 150 g
Beurre fondu .... 180 g
Beurre de cacahuètes .... 200 g

Pour la deuxième couche

Chocolat au lait .... 240 g
Beurre de cacahuètes .... 50 g

Pour la dernière couche

Pépites caramélisées .... 50 g
Sucre doré .... 50 g

La Recette

1. Mixez les petits-beurre et les bretzels apéritifs jusqu'à obtenir une poudre. Ajoutez la cassonade et le beurre fondu, puis mélangez. Incorporez enfin le beurre de cacahuètes. Mélangez de nouveau. Répartissez la préparation dans un moule à charnière carré et tapissez bien avec le dos d'une cuillère. Placez au frais pendant 30 min.

2. Faites fondre le chocolat au lait et le beurre de cacahuètes au micro-ondes ou au bain-marie, puis versez sur la base biscuitée refroidie. Lissez à l'aide d'une maryse.

3. Mélangez les pépites caramélisées et le sucre doré, puis saupoudrez ce mélange sur la deuxième couche. Placez au réfrigérateur pour 3 h.

4. Démoulez et découpez en carrés selon les conseils de la p. 9.

CARRÉS COOKIES
ET BOULES CROUSTILLANTES AU CHOCOLAT BLANC

Préparation : 40 min • Cuisson : 15 min • Réfrigération : 5 h

La Recette

1. Préchauffez le four à 180 °C (th. 6). Battez le beurre et le sucre jusqu'à obtenir une consistance légère et mousseuse. Ajoutez un à un l'extrait de vanille, l'œuf, le sel, le bicarbonate de soude, la farine tamisée et enfin le chocolat noir haché et mélangez bien.

2. Étalez la pâte dans un cadre carré ou rectangulaire posé sur une plaque allant au four tapissée de papier cuisson. Lissez bien et enfournez pour 15 min de cuisson, jusqu'à ce que la pâte soit légèrement dorée.

3. Dans une casserole à fond épais, faites fondre le chocolat haché grossièrement à feu doux avec le lait concentré sucré. Faites chauffer sans cesser de remuer à l'aide d'une spatule en silicone.

4. Lorsque le chocolat est fondu, laissez cuire pendant 5 min tout en continuant de remuer vivement. Versez sur la base biscuitée et lissez à l'aide d'une maryse.

5. Dispersez les boules croustillantes au chocolat blanc sur toute la surface du fudge. Laissez refroidir et placez au réfrigérateur pendant 5 h.

6. Démoulez et découpez en carrés selon les conseils de la p. 9.

Les Ingrédients

Pour la base biscuitée

Beurre ramolli .... 115 g
Sucre .... 110 g
Extrait de vanille .... ½ cuil. à café
Œuf 1
Sel .... 1 pincée
Bicarbonate de soude .... ½ cuil. à café
Farine .... 180 g
Chocolat pâtissier haché .... 125 g

Pour la deuxième couche

Chocolat au lait pâtissier .... 170 g
Lait concentré sucré .... 200 g

Pour la dernière couche

Boules croustillantes au chocolat blanc
(ou chocolat blanc haché grossièrement) .... 100 g

Astuce

Si la pâte à cookies n'est pas assez ferme et maniable, formez une boule, enveloppez-la dans du film alimentaire et placez-la 1 h au réfrigérateur pour la faire un peu durcir. Étalez-la ensuite au fond du cadre.

CARRÉS
FRAISES-CRUMBLE

Pour environ 8-10 carrés • Préparation : 30 min • Cuisson : 1 h 10 • Réfrigération : 1 h

Les Ingrédients

Pour la base biscuitée

Biscuits sablés..170 g
Beurre..70 g

Pour la deuxième couche

Ricotta..300 g
Œufs...2
Sucre...50 g
Zeste de citron...1

Pour la troisième couche

Confiture de fraise (1 pot)........................370 g

Pour la dernière couche

Farine...100 g
Beurre..75 g
Sucre...50 g

La Recette

1. Préchauffez le four à 180 °C (th. 6). Réduisez les biscuits en poudre. Faites fondre le beurre et ajoutez-le à la poudre biscuitée. Répartissez le mélange dans le fond d'un moule à charnière carré ou rectangulaire et tassez bien avec le dos d'une cuillère. Enfournez pour 10 min de cuisson.

2. Pendant ce temps, battez la ricotta, les œufs, le sucre et le zeste. Étalez le mélange sur la base biscuitée, lissez à l'aide d'une maryse et enfournez pour 40 min de cuisson. Laissez refroidir.

3. Étalez la confiture de fraise sur la couche à base de ricotta.

4. Dans un bol, mélangez la farine, le beurre et le sucre du bout des doigts jusqu'à obtenir une consistance sableuse. Répartissez le crumble sur la couche de fraises. Enfournez de nouveau pour 20 min de cuisson, jusqu'à ce que le dessus soit légèrement doré.

5. Laissez refroidir et placez 1 h au réfrigérateur. Démoulez et découpez en carrés selon les conseils de la p. 9.

CARRÉS COCO

Préparation : 15 min • Réfrigération : 5 h

Les Ingrédients

Lait de coco	20 cl
Sucre blanc	200 g
Cassonade	50 g
Beurre	40 g
Miel	15 g
Noix de coco râpée + un peu pour le dressage	350 g

La Recette

1. Dans une casserole à fond épais, mélangez le lait de coco et les sucres.

2. Ajoutez le beurre, le miel et la noix de coco râpée, puis mélangez jusqu'à l'obtention d'une pâte ferme.

3. Versez la pâte dans un moule carré d'environ 20 x 20 cm tapissé de papier cuisson et lissez à l'aide d'une maryse.

4. Placez au réfrigérateur pendant 5 h.

5. Démoulez, saupoudrez de noix de coco râpée et découpez en carrés selon les conseils de la p. 9.

FUDGES AU CHOCOLAT
NOIR ET AMANDES

Préparation : 20 min • Cuisson : 10 min • Réfrigération : 12 h

Les Ingrédients

Amandes .... 100 g
Chocolat noir pâtissier .... 300 g
Lait concentré sucré .... 1 boîte de 400 g
Sel .... 1 pincée

La Recette

1. Préchauffez le four à 150 °C (th. 5). Étalez les amandes sur une plaque à pâtisserie et faites-les torréfier pendant 5 à 7 min en surveillant la cuisson. Concassez-les.

2. Dans une casserole à fond épais, faites fondre le chocolat haché grossièrement à feu doux avec le lait concentré sucré. Faites chauffer sans cesser de remuer à l'aide d'une spatule en silicone.

3. Lorsque le chocolat est fondu, laissez cuire pendant 5 min tout en continuant de remuer vivement. Ajoutez le sel et les amandes.

4. Versez la préparation dans un moule à charnière ou un cadre carré de 15 x 15 cm ou de 20 x 20 cm, beurré ou tapissé de papier cuisson, ou étalez la pâte sur une plaque allant au four recouverte de papier cuisson sur une épaisseur de 2 cm environ.

5. Lissez le fudge à l'aide d'une maryse. Laissez refroidir, puis placez au réfrigérateur pendant toute une nuit.

6. Démoulez et découpez en carrés selon les conseils de la p. 9.

FUDGES AU CHOCOLAT,
SPÉCULOOS ET PRALIN

Préparation : 15 min • Cuisson : 5 min • Réfrigération : 8 h

Les Ingrédients

Chocolat noir pâtissier................................200 g
Pâte de spéculoos.........................5 cuil. à soupe
Lait concentré sucré..................1 boîte de 400 g
Pralin...200 g

La Recette

1. Dans une casserole à fond épais, faites fondre le chocolat haché grossièrement à feu doux avec le lait concentré sucré. Faites chauffer sans cesser de remuer à l'aide d'une spatule en silicone.

2. Lorsque le chocolat est fondu, laissez cuire pendant 5 min tout en continuant de remuer vivement, puis ajoutez la pâte de spéculoos.

3. Versez la préparation dans un moule à charnière ou un cadre carré de 15 x 15 cm ou de 20 x 20 cm, beurré ou tapissé de papier cuisson, ou étalez la pâte sur une plaque allant au four recouverte de papier cuisson sur une épaisseur de 2 cm environ.

4. Lissez le fudge à l'aide d'une maryse. Saupoudrez de pralin quand le fudge est encore chaud, puis placez au réfrigérateur pendant 8 h.

5. Démoulez et découpez en carrés selon les conseils de la p. 9.

FUDGES
AUX DEUX CHOCOLATS

Préparation : 20 min • Réfrigération : 12 h

Les Ingrédients

Chocolat noir .... 200 g
Lait concentré sucré .... 1 boîte de 400 g
Sel .... 1 pincée
Chocolat blanc .... 200 g

La Recette

1. Dans une casserole à fond épais, faites fondre le chocolat noir haché grossièrement à feu doux avec la moitié de lait concentré sucré. Faites chauffer sans cesser de remuer à l'aide d'une spatule en silicone.

2. Lorsque le chocolat est fondu, laissez cuire pendant 5 min tout en continuant de remuer vivement. Ajoutez la pincée de sel.

3. Dans une autre casserole, répétez l'opération avec le chocolat blanc et l'autre moitié du lait concentré sucré.

4. Versez la préparation au chocolat noir dans un moule, un moule à charnière ou un cadre carré de 15 x 15 cm ou de 20 x 20 cm, beurré ou tapissé de papier cuisson, ou étalez la pâte sur une plaque allant au four recouverte de papier cuisson sur une épaisseur de 2 cm environ.

5. Lissez le fudge à l'aide d'une maryse, puis versez la préparation au chocolat blanc par-dessus. Lissez à nouveau à l'aide d'une maryse. Laissez refroidir, puis placez au réfrigérateur pendant toute une nuit.

6. Démoulez et découpez en carrés selon les conseils de la p. 9.

FUDGES
CHOCO-PISTACHES

Préparation : 15 min • Cuisson : 5 min • Réfrigération : 12 h

Les Ingrédients

Chocolat au lait pâtissier .... 400 g
Lait concentré sucré .... 1 boîte de 400 g
Beurre .... 30 g
Sel .... 1 pincée
Pistaches pilées.. 50 g

La Recette

1. Dans une casserole à fond épais, faites fondre le chocolat haché grossièrement à feu doux avec le lait concentré sucré. Faites chauffer sans cesser de remuer à l'aide d'une spatule en silicone.

2. Lorsque le chocolat est fondu, ajoutez le beurre et la pincée de sel, puis laissez cuire pendant 5 min tout en continuant de remuer vivement

3. Ajoutez les pistaches pilées et mélangez.

4. Versez la préparation dans un moule à charnière ou un cadre carré de 15 x 15 cm ou de 20 x 20 cm, beurré ou tapissé de papier cuisson, ou étalez la pâte sur une plaque allant au four recouverte de papier cuisson sur une épaisseur de 2 cm environ.

5. Lissez le fudge à l'aide d'une maryse. Laissez refroidir, puis placez au réfrigérateur pendant toute une nuit.

6. Démoulez et découpez en carrés selon les conseils de la p. 9.

FUDGES AU CHOCOLAT
BLANC ET À LA CRÈME DE WHISKY

Préparation : 15 min • Cuisson : 10 min • Réfrigération : 12 h

Les Ingrédients

Chocolat blanc .... 400 g
Lait concentré sucré .... 1 boîte de 400 g
Crème de whisky .... 4 cuil. à soupe
Sucre .... 130 g
Beurre .... 90 g
Sel .... 1 pincée
Noix de pécan concassées .... 75 g

La Recette

1. Dans une casserole à fond épais, faites fondre le chocolat haché grossièrement à feu doux avec le lait concentré sucré. Ajoutez la crème de whisky et faites chauffer sans cesser de remuer à l'aide d'une spatule en silicone.

2. Lorsque le chocolat est fondu, laissez cuire pendant 5 min tout en continuant de remuer vivement.

3. Ajoutez le sucre, le beurre, le sel et les noix de pécan et mélangez.

4. Versez la préparation dans un moule à charnière ou un cadre carré de 15 x 15 cm ou de 20 x 20 cm, beurré ou tapissé de papier cuisson, ou étalez la pâte sur une plaque allant au four recouverte de papier cuisson sur une épaisseur de 2 cm environ.

5. Lissez le fudge à l'aide d'une maryse. Laissez refroidir, puis placez au réfrigérateur pendant toute une nuit.

6. Démoulez et découpez en carrés selon les conseils de la p. 9.

FUDGES AUX NOISETTES

Préparation : 20 min • Cuisson : 12 min • Réfrigération : 12 h

Les Ingrédients

Noisettes ....200 g
Chocolat au lait pâtissier ....350 g
Lait concentré sucré ....1 boîte de 400 g
Beurre demi-sel ....30 g

La Recette

1. Préchauffez le four à 140 °C (th. 4-5). Étalez les noisettes sur une plaque à pâtisserie et faites-les torréfier pendant 10 min en surveillant la cuisson. Concassez-les.

2. Dans une casserole à fond épais, faites fondre le chocolat au lait haché grossièrement à feu doux avec le lait concentré sucré et le beurre. Faites chauffer sans cesser de remuer à l'aide d'une spatule en silicone.

3. Lorsque le chocolat est fondu, laissez cuire pendant 5 min tout en continuant de remuer vivement, puis ajoutez les noisettes.

4. Versez la préparation dans un moule à charnière ou un cadre carré de 15 x 15 cm ou de 20 x 20 cm, beurré ou tapissé de papier cuisson, ou étalez la pâte sur une plaque allant au four recouverte de papier cuisson sur une épaisseur de 2 cm environ. Lissez le fudge à l'aide d'une maryse.

5. Laissez refroidir, puis placez au réfrigérateur pendant toute une nuit.

6. Démoulez et découpez en carrés selon les conseils de la p. 9.

FUDGES TOUT BLANCS
AUX SPÉCULOOS

Préparation : 25 min • Cuisson : 10 min • Réfrigération : 12 h

Les Ingrédients

Spéculoos .... 100 g
Lait concentré sucré .... 1 boîte de 400 g
Chocolat blanc .... 300 g
Sucre .... 500 g
Beurre .... 115 g
Golden Syrup .... 2 cuil. à soupe
Lait .... 120 ml

La Recette

1. Hachez finement les spéculoos.

2. Dans une casserole à fond épais, faites fondre le chocolat haché grossièrement à feu doux avec le lait concentré sucré. Faites chauffer sans cesser de remuer à l'aide d'une spatule en silicone.

3. Lorsque le chocolat est fondu, laissez cuire pendant 5 min tout en continuant de remuer vivement. Ajoutez le sucre, le beurre, le Golden Syrup et le lait, puis mélangez.

4. Versez la moitié de la préparation dans un moule à charnière ou un cadre carré de 15 x 15 cm ou de 20 x 20 cm, beurré ou tapissé de papier cuisson, ou étalez la pâte sur une plaque allant au four recouverte de papier cuisson sur une épaisseur de 2 cm environ.

5. Lissez le fudge à l'aide d'une maryse. Couvrez avec les spéculoos hachés, puis versez le reste de fudge liquide. Lissez à nouveau. Laissez refroidir, puis placez au réfrigérateur pendant toute une nuit.

6. Démoulez et découpez en carrés selon les conseils de la p. 9.

FUDGES
AU SIROP D'ÉRABLE

Préparation : 10 min • Cuisson : 10 min • Réfrigération : 12 h

Les Ingrédients

Sirop d'érable..45 g
Vergeoise brune..450 g
Farine..25 g
Levure chimique...5 g
Beurre demi-sel...115 g
Lait concentré non sucré............................215 g

La Recette

1. Versez tous les ingrédients dans une grande casserole à fond épais.

2. Faites chauffer pendant 5 à 10 min. Hors du feu, continuez de remuer énergiquement jusqu'à l'obtention d'une pâte lisse et épaisse.

3. Versez la préparation dans un moule à charnière ou un cadre carré de 15 x 15 cm ou de 20 x 20 cm, beurré ou tapissé de papier cuisson, ou étalez la pâte sur une plaque allant au four recouverte de papier cuisson sur une épaisseur de 2 cm environ.

4. Lissez le fudge à l'aide d'une maryse. Laissez refroidir, puis placez au réfrigérateur pendant toute une nuit.

5. Démoulez et découpez en carrés selon les conseils de la p. 9.

FUDGES ORÉO®

Préparation : 15 min • Cuisson : 5 à 10 min • Réfrigération : 8 h

Les Ingrédients

Biscuits Oréo® .... 100 g
Chocolat blanc .... 300 g
Lait concentré sucré .... 1 boîte de 400 g

La Recette

1. Hachez très grossièrement les biscuits Oréo®.

2. Dans une casserole à fond épais, faites fondre le chocolat haché grossièrement à feu doux avec le lait concentré sucré. Faites chauffer sans cesser de remuer à l'aide d'une spatule en silicone.

3. Lorsque le chocolat est fondu, laissez cuire pendant 5 min tout en continuant de remuer vivement.

4. Laissez tiédir et ajoutez les morceaux de biscuits.

5. Versez la préparation dans un moule à charnière ou un cadre carré de 15 x 15 cm ou de 20 x 20 cm, beurré ou tapissé de papier cuisson, ou étalez la pâte sur une plaque allant au four recouverte de papier cuisson sur une épaisseur de 2 cm environ.

6. Lissez le fudge à l'aide d'une maryse. Laissez refroidir, puis placez au réfrigérateur pendant 8 h.

7. Démoulez et découpez en carrés selon les conseils de la p. 9.

FUDGES
AUX MARSHMALLOWS

Préparation : 15 min • Cuisson : 5 min • Réfrigération : 12 h

Les Ingrédients

Chocolat au lait pâtissier .... 400 g
Lait concentré sucré .... 1 boîte de 400 g
Extrait de vanille .... 1 cuil. à café
Beurre .... 30 g
Mini-marshmallows................................... 100 g

La Recette

1. Dans une casserole à fond épais, faites fondre le chocolat haché grossièrement à feu doux avec le lait concentré sucré. Faites chauffer sans cesser de remuer à l'aide d'une spatule en silicone.

2. Lorsque le chocolat est fondu, laissez cuire pendant 5 min tout en continuant de remuer vivement. Ajoutez l'extrait de vanille et le beurre, remuez bien, puis laissez légèrement tiédir.

3. Coupez les marshmallows en morceaux, ajoutez-les et mélangez de nouveau.

4. Versez la préparation dans un moule à charnière ou un cadre carré de 15 x 15 cm ou de 20 x 20 cm, beurré ou tapissé de papier cuisson, ou étalez la pâte sur une plaque allant au four recouverte de papier cuisson sur une épaisseur de 2 cm environ.

5. Lissez le fudge à l'aide d'une maryse. Laissez refroidir, puis placez au réfrigérateur pendant toute une nuit.

6. Démoulez et découpez en carrés selon les conseils de la p. 9.

FUDGES
AUX CARAMBAR®

Préparation : 20 min • Cuisson : 15 min • Réfrigération : 12 h

Les Ingrédients

Chocolat pâtissier	350 g
Lait	90 ml
Beurre	15 g
Carambar®	30

La Recette

1. Dans une casserole à fond épais, faites fondre le chocolat haché grossièrement à feu doux.

2. Dans une autre casserole, mélangez le lait, le beurre et les Carambar® et remuez jusqu'à ce que tous les ingrédients soient complètement fondus.

3. Ajoutez cette préparation au chocolat fondu.

4. Versez la préparation dans un moule à charnière ou un cadre carré de 15 x 15 cm ou de 20 x 20 cm, beurré ou tapissé de papier cuisson, ou étalez la pâte sur une plaque allant au four recouverte de papier cuisson sur une épaisseur de 2 cm environ.

5. Lissez le fudge à l'aide d'une maryse. Laissez refroidir, puis placez au réfrigérateur pendant toute une nuit.

6. Démoulez et découpez en carrés selon les conseils de la p. 9.

PETITS GÂTEAUX
AU BEURRE DE CACAHUÈTES ET FUDGE ONCTUEUX

Pour 48 petits gâteaux • Préparation : 30 min • Cuisson : 20 min • Réfrigération : 5 h
Ustensiles : cuillère parisienne, moule à mini-muffins

La Recette

1. Préchauffez le four à 165 °C (th. 5-6). Mélangez le beurre ramolli, le beurre de cacahuètes, le sucre blanc et la cassonade.

2. Ajoutez l'œuf, l'extrait de vanille, puis la farine, le bicarbonate de soude et la pincée de sel.

3. Prélevez des petites boules de pâte à l'aide d'une cuillère parisienne et déposez chaque boule de pâte dans chaque compartiment d'un moule à mini-muffins.

4. Enfournez pour 15 min de cuisson ou jusqu'à ce que les boules de pâte prennent une couleur dorée.

5. Dés la sortie du four, faites un creux dans chaque boule de pâte à l'aide du dos de la cuillère parisienne de manière à pouvoir y verser le fudge.

6. Laissez refroidir 10 min avant de démouler. Déposez les petits gâteaux sur une grille, puis laissez de nouveau refroidir pendant 10 à 15 min. Renouvelez l'opération s'il vous reste de la pâte.

7. Pour le fudge, mélangez le chocolat et le lait concentré sucré et faites fondre ce mélange au micro-ondes pendant 1 à 2 min. Ajoutez l'extrait de vanille et mélangez de nouveau.

8. Remplissez le creux des petits gâteaux de fudge à l'aide d'une petite cuillère. Placez pendant 5 h au réfrigérateur avant de déguster.

Les Ingrédients

Pour les gâteaux

Beurre ramolli	115 g
Beurre de cacahuètes	115 g
Sucre blanc	115 g
Cassonade	115 g
Œuf	1
Extrait de vanille	½ cuil. à café
Farine	150 g
Bicarbonate de soude	1 cuil. à café
Sel	1 pincée

Pour le fudge

Chocolat au lait haché	200 g
Lait concentré sucré	200 g
Extrait de vanille	½ cuil. à café

Confiture

de fudge blanc

Préparation : 15 min • Cuisson : 10 min • Réfrigération : 4 h

Les Ingrédients

Chocolat blanc pâtissier .... 400 g
Lait concentré sucré .... 1 boîte de 400 g
Extrait de vanille .... 1 cuil. à café

La Recette

1. Dans une casserole à fond épais, faites fondre le chocolat haché grossièrement à feu doux avec le lait concentré sucré. Faites chauffer sans cesser de remuer à l'aide d'une spatule en silicone.

2. Lorsque le chocolat est fondu, laissez cuire pendant 3 min tout en continuant de remuer vivement. Ajoutez l'extrait de vanille.

3. Versez la préparation dans un ou plusieurs pots hermétiques, préalablement stérilisés.

4. Placez au réfrigérateur pendant 4 h.

TARTE FUDGE
ET CHOCOLAT

Pour 6 à 8 personnes • Préparation : 30 min • Cuisson : 20 min • Réfrigération : 4 h

Les Ingrédients

Pour la base biscuitée

Petits-beurre .... 250 g
Beurre .... 125 g

Pour le fudge

Lait concentré sucré .... 1 boîte de 400 g
Sucre .... 120 g
Beurre .... 120 g
Miel .... 2 cuil. à soupe

Pour le glaçage au chocolat

Chocolat au lait .... 350 g
Crème liquide .... 20 cl

La Recette

1. Préchauffez le four à 180 °C (th. 6). Écrasez les biscuits à l'aide d'un pilon jusqu'à l'obtention d'une poudre.

2. Faites fondre le beurre au micro-ondes et mélangez-le à la poudre biscuitée.

3. Répartissez la pâte biscuitée dans le fond d'un moule à charnière recouvert de papier cuisson et tassez bien avec le dos d'une cuillère. Enfournez pour 20 min de cuisson, sortez du four et réservez.

4. Dans une casserole à fond épais, versez le lait concentré sucré, le sucre, le beurre et le miel et, sans cesser de remuer, faites chauffer pendant 5 min en remuant vivement.

5. Versez le fudge sur la base biscuitée, laissez refroidir, puis réservez au réfrigérateur.

6. Pendant ce temps, préparez le glaçage au chocolat. Dans une casserole, portez la crème à ébullition. Cassez le chocolat en morceaux et faites-le fondre dans la crème. Mélangez bien.

7. Versez le glaçage sur la couche de fudge de la tarte.

8. Réservez au frais pendant au moins 4 h avant de démouler et de servir.

BISCUITS CRAQUELÉS

FUDGE TOUT CHOCOLAT

Préparation : 30 min • Cuisson : 10 min • Réfrigération : 2 h

Les Ingrédients

Beurre	60 g
Chocolat noir pâtissier	180 g
Sucre	50 g
Œufs	2
Lait concentré sucré	160 ml
Extrait de vanille	1 cuil. à café
Farine	225 g
Levure chimique	½ cuil. à café
Sel	1 pincée
Pépites de chocolat	250 g
Sucre glace	75 g

La Recette

1. Dans un bol, faites fondre le beurre et le chocolat noir au micro-ondes.

2. Dans un saladier, mélangez le sucre et les œufs à l'aide d'un fouet. Ajoutez la préparation précédente et laissez tiédir. Ajoutez le lait concentré et l'extrait de vanille.

3. Incorporez la farine, la levure chimique, la pincée de sel et les pépites de chocolat. Mélangez bien.

4. Couvrez le saladier de film alimentaire et placez au réfrigérateur pendant 2 h.

5. Préchauffez le four à 160 °C (th. 5-6). Tapissez une plaque allant au four de papier cuisson.

6. Avec la pâte réfrigérée, façonnez des boules d'environ 5 cm de diamètre. Roulez-les dans le sucre glace tamisé et déposez-les sur la plaque en veillant bien à les espacer. Aplatissez-les légèrement.

7. Enfournez pour 10 min de cuisson, puis laissez refroidir avant de déguster.

CONFITURE DE LAIT :
LE FUDGE À LA FRANÇAISE

Préparation : 5 min • Cuisson : 30 min

Les Ingrédients

Lait concentré sucré .... 1 boîte de 400 g

Astuce

Sans cocotte-minute, immergez la boîte de lait concentré sucré dans de l'eau frémissante et laissez cuire pendant 2 h 30 à 3 h.

La Recette

1. Dans une cocotte-minute, faites chauffer de l'eau à hauteur de la boîte de lait concentré sucré et portez à ébullition.

2. Déposez la boîte de lait concentré sucré fermée. Fermez la cocotte-minute et laissez cuire pendant 25 min.

3. Retirez la soupape pour laisser la vapeur s'échapper, ouvrez la cocotte et retirez la boîte de lait concentré sucré à l'aide d'une pince, d'un gant ou d'un torchon épais pour ne pas vous brûler.

4. Laissez la boîte refroidir complètement avant de l'ouvrir, puis versez la confiture de lait dans un joli pot.

Nestlé
Lait Concentré Sucré
Mes recettes Gourmandes

SUCRES À LA CRÈME

OU BONBONS CARAMEL

Préparation : 20 min • Cuisson : 15 min • Réfrigération : 3 h

Les Ingrédients

Sucre blanc extra fin .... 150 g
Cassonade .... 50 g
Crème fraîche épaisse
à température ambiante .... 20 cl
Extrait de vanille .... 1 cuil. à café
Beurre .... 75 g

La Recette

1. Tapissez le fond d'un moule carré d'environ 15 x 15 cm de papier cuisson en le laissant dépasser.

2. Dans une casserole, versez les sucres. Faites-les fondre à feu moyen pendant 5 à 10 min, en agitant de temps en temps la casserole afin que les cristaux se mêlent peu à peu aux sucres fondus jusqu'à l'obtention d'une consistance liquide et ambrée.

3. Une fois les sucres fondus, mélangez doucement à l'aide d'une spatule en bois pour terminer la cuisson.

4. Ajoutez le beurre coupé en morceaux et faites-le fondre en remuant.

5. Ajoutez la crème fraîche et mélangez. Lorsqu'elle est bien incorporée, coupez le feu et continuez de mélangez.

6. Versez dans le moule, laissez refroidir à température ambiante pendant 15 min, puis placez au réfrigérateur.

7. Démoulez et découpez en carrés selon les conseils de la p. 9.

hand made

Retrouvez les autres titres de la collection

Les
— PETITES RECETTES —
hachette

Retrouvez-nous sur Facebook :
facebook.com/hachettecuisine

Je remercie Guillaume et Sophie pour leurs talents ainsi que les éditions Hachette Pratique, Céline le Lamer, Alice Dauphin et Juliette Spiteri.

Anne Kalicky

43, quai de Grenelle – 75905 Paris, Cedex 15

Direction : Catherine Saunier-Talec
Responsable éditoriale : Céline Le Lamer
Responsable artistique : Antoine Béon
Responsables de projet : Juliette Spiteri et Alice Dauphin
Conception intérieure et couverture : Studio-Allez
Réalisation intérieure : Nord Compo
Correction : Claire Fontanieu
Fabrication : Amélie Latsch
Responsable partenariats : Sophie Morier (smorier@hachette-livre.fr)

Dépôt légal : mars 2015
75-0009-8/01
ISBN : 978-2-01-396388-6
Imprimé en Espagne par Cayfosa